FIC
Pfi

Marcus Pfister

Une étoile cette nuit-là

Texte français de
Géraldine Elschner

W0005911
MW01360944

Éditions Nord-Sud

Le troupeau broutait paisiblement dans les champs.
Mais autour du feu, là où veillaient les bergers,
ne régnait pas le calme habituel.
Cette nuit-là en effet, l'agitation était grande.
Les voix des trois hommes crépitaient comme le bois
qui flambait.

«Vous avez entendu? Un enfant vient de naître,
tout près d'ici.»
«Un nouveau roi, paraît-il, un roi sans armée ni soldats!»
«Et pourtant plus puissant que tous les autres. Un roi bon
et miséricordieux, un roi de joie et de paix.»

«Allons donc le saluer!» proposa le plus âgé d'entre eux.
Mais dans quelle direction partir?
Les bergers ignoraient l'endroit où se trouvait le nouveau roi. Ils discutaient, hésitants.

«Si seulement nous pouvions regarder la terre du haut du ciel!
Les étoiles, elles, savent sûrement où est né l'enfant.»

Comme si les étoiles avaient entendu leur demande,
le ciel sembla tout à coup se mettre en mouvement.
Les bergers regardaient en silence, le cœur battant.
Ils espéraient tant découvrir un signe qui leur montrât
le chemin! Pleins de respect et d'admiration, ils suivaient
des yeux l'étrange spectacle au firmament.

Les étoiles se regroupaient doucement.
Elles se rapprochaient de plus en plus les unes des autres
et finirent par s'assembler en une seule grande étoile
resplendissante.
Dans le bleu sombre du ciel, elle faisait briller
la nuit d'un éclat tout particulier.

L'étoile nouvelle se mit ensuite à glisser vers l'horizon.
En hâte, les bergers emballèrent alors leurs affaires,
puis ils rassemblèrent le troupeau et suivirent
l'astre mystérieux.
Il les menait vers Bethléem.

Mais les bergers n'étaient pas les seuls à avoir reçu l'heureux message.
Le roi du plus beau palais d'Orient avait lui aussi appris la bonne nouvelle. L'arrivée du nouveau Roi de la Paix le remplissait de joie.
Après de longues années de guerre, son peuple et lui-même souhaitaient de tout cœur le retour au calme.

C'est du grand balcon que le roi et ses serviteurs aperçurent l'étoile. Elle faisait étinceler les coupoles dorées du grand palais.

«Préparez mon chameau! ordonna le roi.
Chargez-le des cadeaux les plus précieux qui soient.
Je veux aller souhaiter la bienvenue à cet enfant.
L'étoile qui scintille si fort dans le ciel me guidera
jusqu'à lui.»

Chemin faisant, il rencontra deux autres rois en route eux aussi pour Bethléem. La bonne nouvelle s'était déjà répandue de par le monde!
Le roi les rejoignit et dit:
«Allons ensemble rendre hommage au jeune Roi de la Paix et lui offrir nos présents.»

C'est ainsi que les trois rois mages suivirent l'étoile tout au long de leur grand voyage à travers le désert.

La clarté de l'étoile pénétra jusqu'au cœur des forêts
les plus sombres.
«Ça ne peut être que la pleine lune», pensa le loup
qui se mit à hurler. Une famille de hérissons crut
que le jour se levait et voulut se cacher sous son nid
de feuilles. Que signifiait cette grande lumière
au beau milieu de la nuit?
Inquiets, les animaux coururent jusqu'à la lisière
de la forêt.
Et là, ils découvrirent l'étoile.

Lorsqu'ils furent tous rassemblés, le hibou leur confia ce qu'il savait: l'Enfant-Roi venait de naître et l'étoile qui illuminait le ciel allait leur montrer le chemin de Bethléem.

Alors, la joie au cœur, les habitants de la forêt se mirent en marche.

L'étoile s'arrêta enfin au-dessus d'une petite étable.
Dans sa clarté, la pauvre cabane rayonnait
comme un palais en fête.
Tout le monde voulait se prosterner devant l'Enfant-Roi.
Le loup attendait, couché paisiblement au milieu
des moutons. Le renard jouait avec le lièvre,
et les rois mages tout-puissants conversaient
avec les simples bergers.

Ils trouvèrent le nouveau-né emmailloté et couché dans la paille d'une crèche. Sa mère veillait sur lui, éclairée par l'étoile de Noël.

Un grand calme régnait sur la colline, cette nuit-là.
Et chacun souhaita au fond de lui-même
que cet instant de paix pût durer toute l'éternité.

Les livres suivants ont également été publiés
dans la même série,
«Les coups de cœur des Éditions Nord-Sud»:

Le voyage de Plume
Plume en bateau
Plume s'échappe
Olli, le petit éléphant
Flocon, le petit lapin des neiges
Flocon trouve un ami
Le mouton noir
Quand le clown dit non
Le petit homme à la pomme
Piro et les pompiers
Phil & Croc
Bulle, le petit ours brun